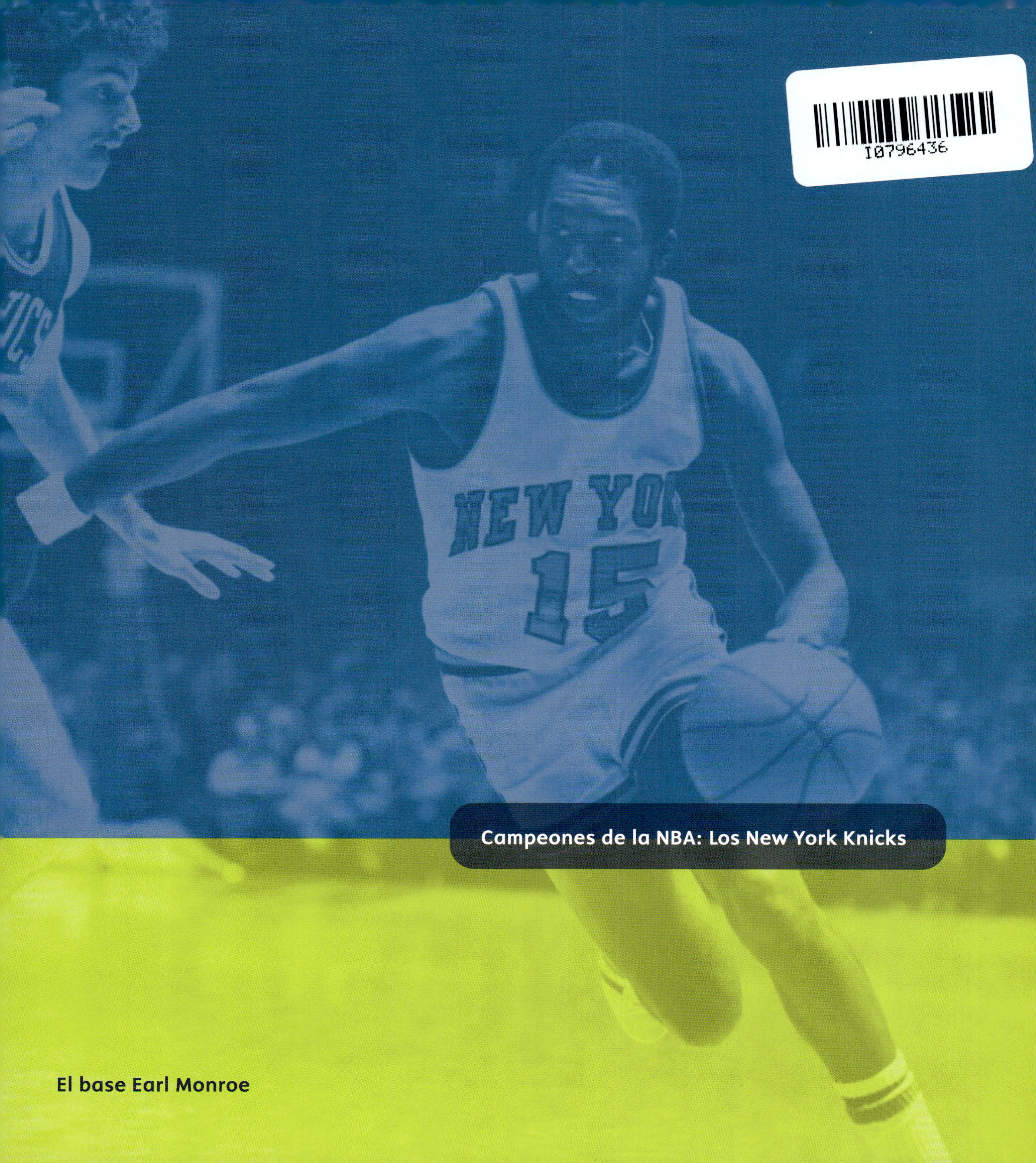

Campeones de la NBA: Los New York Knicks

El base Earl Monroe

El escolta Evan Fournier

CAMPEONES DE LA NBA

LOS NEW YORK KNICKS

POR JAMES BARRY

CREATIVE EDUCATION / CREATIVE PAPERBACKS

El ala pívot Nathaniel Clifton

Publicado por Creative Education y Creative Paperbacks
P.O. Box 227, Mankato, Minnesota 56002
Creative Education y Creative Paperbacks son sellos de
The Creative Company
www.thecreativecompany.us

Dirección artística de Tom Morgan
Producción de libros de Graham Morgan
Editado por Grace Cain

Imágenes de Getty Images/Al Bello, 10, Alex Goodlett, 2, Focus On Sport, 3, 7, 24, FPG, 4, George Long, 19, Jim Cummins, 1, Mitchell Leff, 20, Nathaniel S. Butler, 16, NBA Photos, 15, Tom Berg, 5, Wen Roberts, portada, 12; JIM YOUNG/Reuters, 6; Newscom/ DAVID MAXWELL, portada; Unsplash/ Triston Dunn, 9
Se ha hecho todo lo posible por contactar con los titulares de los derechos de autor del material reproducido en este libro. Cualquier omisión será rectificada en impresiones posteriores si se notifica al editor.

Library of Congress Cataloging-in-Publication Data
Names: Barry, James (Author of children's books), author.
Title: Los New York Knicks / by James Barry.
Other titles: New York Knicks. Spanish
Description: Mankato, Minnesota : Creative Education and Creative Paperbacks, [2025] | Series: Creative sports. Campeones de la NBA | Includes index. | Audience: Ages 7-10 years | Audience: Grades 2-3 | Summary: "Elementary-level text translated into North American Spanish and dynamic sports photos highlight the NBA championship wins of the New York Knicks, plus sensational players associated with the professional basketball team such as Jalen Brunson"-- Provided by publisher.
Identifiers: LCCN 2024023427 (print) | LCCN 2024023428 (ebook) | ISBN 9798889898221 (lib. bdg.) | ISBN 9781682778814 (paperback) | ISBN 9798889898429 (ebook)
Subjects: LCSH: New York Knickerbockers (Basketball team)--Juvenile literature. | Basketball--New York (State)--New York--History--Juvenile literature.
Classification: LCC GV885.52.N4 B2718 2025 (print) | LCC GV885.52.N4 (ebook) | DDC 796.323/64097471--dc23/eng/20240626

Impreso en China

El centro Patrick Ewing

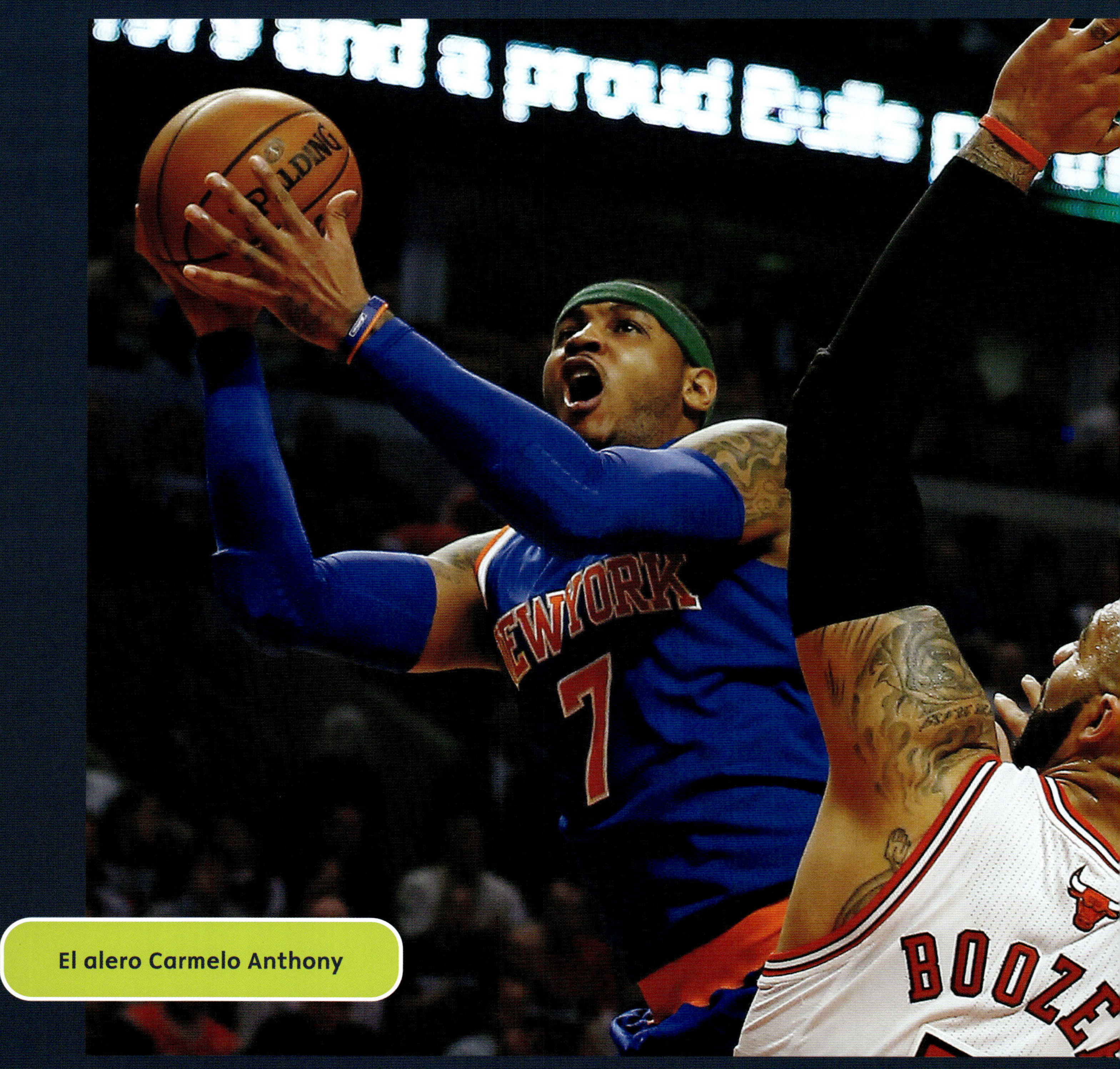

El alero Carmelo Anthony

ÍNDICE

Hogar de los Knicks

La ciudad de Nueva York es la más grande y concurrida de Estados Unidos. La ciudad tiene muchos apodos, entre ellos "La Gran Manzana". Tiene un **estadio** llamado Madison Square Garden. Es el hogar de un equipo de baloncesto llamado los Knicks.

El escolta Jalen Brunson

Los New York Knicks forman parte de la Asociación Nacional de Baloncesto (NBA). Juegan en la División Atlántica. Es parte de la Conferencia Este. Dos de sus mayores **rivales** son los Brooklyn Nets y los Boston Celtics.

El centro Willis Reed

Nombrando a los Knicks

Colonizadores que llegaban a Nueva York a veces llevaban pantalones cortos. Estos se conocieron como knickerbockers. El nombre elegido para el equipo de baloncesto fue los New York Knickerbockers. En los carteles del equipo se utilizaba una caricatura de un hombre con ese tipo de pantalones. Los "Knicks" es la abreviatura de los Knickerbockers.

Historia de los Knicks

Los Knicks empezaron a jugar en 1946. El alero Harry Gallatin era un gran anotador y **reboteador**. Ayudó a los Knicks a llegar a las Finales de la NBA en 1951, 1952 y 1953. No ganaron ningún campeonato.

En 1967, William "Red" Holzman se convirtió en entrenador. Sus equipos practicaban duro. Jugaban duro en defensa. El fuerte centro Willis Reed llevó a los Knicks a su primer campeonato en 1970. Luego los llevó a su segundo **título** en 1973.

El alero Harry Gallatin

El centro Patrick Ewing

Después de muchas temporadas perdedoras, Nueva York eligió al centro Patrick Ewing con el primero puesto del Draft de la NBA de 1985. Durante 15 años, llevó a los Knicks a lo más alto de la NBA. Los aficionados acudían al Madison Square Garden para animar al equipo local. Los Knicks de Ewing perdieron en las Finales de 1994 y 1999.

Otras estrellas de los Knicks

Los aficionados de los Knicks han animado a muchos grandes jugadores. El escolta de puntuación alta Richie Guerin fue seis veces consecutivas All-Star con los Knicks. El llamativo escolta Walt Frazier era un gran anotador, pasador y **defensor**. Formó parte de los equipos campeones de la década de 1970.

El veloz alero Bernard King fue el máximo anotador de la NBA en la temporada 1984-85. En la década de 1990,

El escolta Walt Frazier

El alero OG Anunoby

John Starks encestó largos tiros triples y realizó mates de altos vuelos. El alero Carmelo Anthony fue el máximo anotador del equipo en la década de 2010.

El escolta Jalen Brunson llegó a los Knicks en 2022. Se convirtió en una estrella en su segunda temporada en Nueva York. En 2023, el atlético alero OG Anunoby fue traspasado a los Knicks. Es uno de los mejores defensores de la NBA. Los aficionados esperan que pronto ayude a traer otro campeonato a Nueva York.

Acerca de los Knicks

Primera temporada: 1946-47

Conferencia/división: Conferencia Este, División Atlántica

Colores del equipo: azul, naranja, plata, negro y blanco

Estadio local: Madison Square Garden

CAMPEONATOS DE LA NBA:

1970, 4 partidos a 3 sobre Los Angeles Lakers

1973, 4 partidos a 1 sobre Los Angeles Lakers

PÁGINA WEB DEL EQUIPO:

https://www.nba.com/knicks/

Glosario

defensor—jugador que impide que el otro equipo anote

estadio—un edificio grande con asientos para espectadores, donde se celebran partidos deportivos y eventos de entretenimiento

reboteador—jugador que atrapa y controla el balón tras un tiro fallado

rival—equipo que juega más duro contra otro equipo

título—otra palabra para campeonato

El centro Willis Reed

Índice